Género Texto expositivo

Pregunta esencial

¿Cuáles son los beneficios de trabajar en equipo?

Introducción

¿Has notado que es más fácil resolver problemas cuando trabajas con otras personas? A veces te concentras tanto en un rompecabezas que no logras ver una pieza. Pero para alguien que mira con nuevos ojos, esa pieza puede ser obvia. Otras veces haces todo lo posible por tu cuenta, pero necesitas las habilidades de otros para terminar. Con la ciencia ocurre lo mismo.

Miles de científicos de todo el mundo trabajan en equipos para responder preguntas difíciles. Algunos equipos buscan la cura para una enfermedad. Otros investigan el espacio.

Con frecuencia, los científicos trabajan juntos para resolver problemas.

Personas de diferentes campos, o áreas de conocimiento, producen resultados de gran alcance cuando colaboran. Físicos, biólogos y geólogos pueden trabajar en un mismo problema. Al compartir sus ideas y sus resultados, encontrarán soluciones mucho más rápido.

UN ESFUERZO DE EQUIPO

El científico australiano Howard Florey fue uno de los primeros en reunir a un equipo de científicos. Él buscaba mejores formas de tratar las enfermedades infecciosas, pero comprendió que este era un problema demasiado grande para resolverlo él solo.

El equipo consideró que la penicilina podría ser la respuesta. Cada científico investigó sobre los usos de la penicilina en su área de experiencia, para luego compartir sus descubrimientos con el grupo. Sus resultados fueron tan positivos que pronto la penicilina comenzó a utilizarse para curar niños enfermos y soldados heridos. El equipo había encontrado una cura para muchas enfermedades comunes.

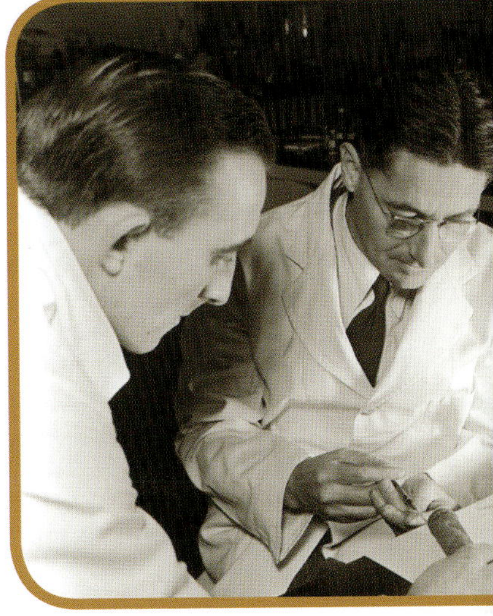

Howard Florey y su equipo salvaron miles de vidas.

Capítulo 1
Nuevas fronteras

Cuando trabajas en algo como el espacio, es mejor contar con la inteligencia de muchas personas, por eso los científicos de la **NASA** trabajan en equipos.

Uno de esos equipos tardó tres años en planear, construir y lanzar dos robots para explorar Marte. Esos robots explorarían el planeta, escanearían las rocas y el suelo y enviarían información a la Tierra. Pero antes de lanzarlos, el equipo tenía que encontrar un lugar seguro para descender en Marte.

Cien expertos en Marte estudiaron imágenes del planeta y analizaron los lugares para el aterrizaje. Eligieron dos lugares donde tal vez hubo agua. El primer robot fue lanzado en junio de 2003 y el segundo en julio del mismo año.

Los robots fueron llamados *Spirit* y *Opportunity*. Los nombres se eligieron entre 10,000 nombres inscritos en un concurso de ensayos de estudiantes. Esta es una foto de *Opportunity*.

Los robots llegaron a Marte siete meses después. El equipo observó con felicidad el aterrizaje del explorador llamado *Spirit*. Todo marchaba bien hasta que los ingenieros detectaron un problema. Una de las **bolsas de aire** del **módulo de aterrizaje** bloqueaba al *Spirit*. Por suerte, el equipo sabía qué hacer si esto llegaba a ocurrir. El conductor, en el cuarto de control, giró al *Spirit* hacia un lado y lo condujo por una rampa lateral.

Tres semanas después aterrizó el segundo robot, el *Opportunity*, y el equipo pudo relajarse. Más de tres años de trabajo habían dado resultados.

El equipo a cargo de la exploración de Marte recibe la noticia de que el *Spirit* llegó sin problemas.

Durante los meses siguientes, los científicos observaron al *Spirit* viajar a través de terreno irregular. Su rueda delantera reventó, pero el equipo encontró la forma de mantener al explorador en marcha. En ocasiones tuvieron que conducirlo en reversa, con su rueda trasera a rastras.

Luego se atascó en el suelo. En la Tierra, el equipo imitó un obstáculo de arena para intentar resolver el problema del robot. Los expertos estudiaron un modelo del robot en busca de soluciones. Después ensayaron esas posibles soluciones con el modelo.

Liberar al *Spirit* del atasco condujo a uno de los descubrimientos más emocionantes de la misión. A medida que la rueda delantera cavaba en el suelo, el *Spirit* removía una sustancia llamada sílice, cuya presencia indicó que en Marte hubo agua en el pasado.

Los miembros del equipo observan un modelo del explorador para resolver cómo desatascar al *Spirit* en Marte.

Después de casi dos años de explorar, *Opportunity* llegó al borde de un gran **cráter**. El explorador pasó casi un año recorriendo el cráter Victoria y sus rocas antiguas. La información enviada les enseñará a los geólogos más cosas sobre la historia del planeta.

Opportunity exploró cráter tras cráter, y en agosto de 2011 llegó al borde del gigantesco cráter *Endeavour*.

En 2010, *Spirit* dejó de enviar señales a la Tierra, mientras *Opportunity* continúa su exploración.

UNA EXPERIENCIA EN LA NASA

Trece equipos de afortunados estudiantes y maestros de secundaria trabajaron con los científicos encargados de la exploración de Marte durante los lanzamientos y aterrizajes de los robots exploradores. Los estudiantes formaron parte del *Athena Student Interns Program*. Se levantaban a las 4:00 a. m. para asistir a reuniones de grupo. Realizaron tareas y fueron a conferencias de prensa.

Imagina lo que aprenderían los científicos si otros robots pudieran analizar las rocas de Marte. La siguiente misión de exploradores envió un nuevo robot al planeta, llamado *Mars Science Laboratory*. Este robot tiene el tamaño de un automóvil. Es dos veces más largo y cinco veces más pesado que los primeros dos robots.

Este robot, llamado *Curiosity*, dejó la Tierra en noviembre de 2011. Llegó a Marte el 6 de agosto de 2012. Descubrió el lecho de un antiguo arroyo, lo que prueba que en la superficie de Marte hubo agua alguna vez. Es un laboratorio móvil de verdad, tiene instrumentos que recogen y analizan rocas y muestras del suelo. La NASA y la **Agencia Espacial Europea** trabajan en una misión más grande, esperan traer muestras de Marte algún día.

Esta es una recreación artística del *Curiosity*. El robot posee un láser capaz de desintegrar rocas para analizar su polvo con instrumentos especiales.

Capítulo 2

Nuevos descubrimientos

Los científicos de los laboratorios Bell también estaban intrigados con los misterios del espacio. Uno de los avances más importantes en el estudio del universo vino de dos científicos que trabajaban allí. Lo sorprendente es que lo que encontraron no era lo que buscaban.

En 1964, Arno Penzias y Robert Wilson empleaban una antena de microondas para estudiar las ondas de radio en el espacio. Escuchaban un ruido molesto, semejante a la estática. No importaba hacia dónde la apuntaran, seguía captando el ruido. Notaron que había excremento de aves en la antena. "¡Ajá!", pensaron. Limpiaron la antena y ahuyentaron las aves, pero el molesto sonido siguió.

Los laboratorios Bell crearon una antena de 20 pies, en forma de cuerno. Se utilizó para estudiar las ondas de radio en el espacio.

Simultáneamente, científicos de la Universidad de Princeton estudiaban la **teoría del *big bang***. Esta dice que el universo se formó después de una gran explosión. Los científicos pensaban que la explosión ocasionó **radiación** de bajo nivel en el universo. Cuando ambos equipos hablaron, se dieron cuenta de que eso era lo que la antena captaba. Eso probó que la teoría de los científicos de Princeton era correcta.

Ese "molesto sonido" se llama hoy radiación cósmica de fondo de microondas. En 1978, Arno Penzias y Robert Wilson ganaron el **premio Nobel** por su descubrimiento accidental.

UN INVENTO PEQUEÑO CON UN GRAN IMPACTO

En la década de 1940, la tecnología detrás de las llamadas telefónicas de larga distancia era poco confiable. William Shockley, un científico de los laboratorios Bell, quería volver más fuertes las señales telefónicas, así que reunió a un equipo de físicos, químicos e ingenieros. Después de dos años de frustrantes fracasos, envolvieron un pequeño triángulo de plástico en una lámina de oro. El triángulo estaba en contacto con un mineral llamado germanio. Cuando enviaron una señal eléctrica a través del dispositivo, la señal salió mucho más fuerte en el otro lado. ¡Por fin tuvieron éxito!

Un poco más de trabajo en el dispositivo condujo a lo que el equipo llamó un transistor. Todos ellos compartieron un premio Nobel por sus esfuerzos, y los transistores se utilizan ahora en casi todos los equipos electrónicos.

Los científicos de Bell continuarán en la búsqueda de formas para mejorar la vida. Quieren que las personas se comuniquen rápido y fácilmente.

Uno de los equipos cree que la clave está en el sistema nervioso central del cuerpo humano. Este sistema controla el corazón, la respiración y la temperatura corporal. Permite que nuestros cuerpos se adapten a los cambios sin darnos cuenta.

Cuando navegas en internet o llamas por teléfono, usas algo que se llama red de comunicación. Una red es un equipamiento cuyas partes están unidas. Cuando marcas el número de teléfono de un amigo, la red recogerá esta señal para llevarla hasta el teléfono de tu amigo.

A los seres humanos les encanta comunicarse.

Es similar a como los nervios de la piel envían un mensaje a través del sistema nervioso central para informarle a tu cerebro que tienes frío.

Detective del lenguaje El verbo subrayado está en futuro. Busca otro ejemplo en esta página.

Nuestro cuerpo envía señales a nuestro cerebro sin que hagamos nada. En cambio, las redes de comunicación sí necesitan ayuda, especialmente cuando reciben demasiadas señales a la vez. Cuando muchas personas en un mismo evento usan sus teléfonos celulares, las redes se pueden bloquear.

Los laboratorios Bell investigan redes flexibles que controlarán automáticamente esta clase de presión. El equipo que trabaja en este proyecto tiene expertos en matemáticas, informática e ingeniería. Algunos están en Estados Unidos, y otros en Francia, Alemania e Irlanda.

Detective del lenguaje	**Busca el verbo que está en futuro en esta página.**

Queremos comunicarnos en cualquier momento y lugar, tan rápido como sea posible.

Capítulo 3
Nuevos comienzos

Es posible trabajar en grupo cuando se tiene curiosidad por las mismas cosas. También cuando se es parte de una empresa que fabricará un producto nuevo. O por razones personales. Este último es el caso del centro de investigación *The Miami Project.*

Marc y Nick Buoniconti han recaudado millones de dólares para investigaciones.

Marc Buoniconti tenía 19 años cuando se lesionó la médula espinal mientras jugaba fútbol. La lesión fue tan grave que quedó paralizado desde el cuello hacia abajo. Nick, el padre de Marc, quería que su hijo caminara de nuevo, y fundó *The Miami Project.* Ahora, Marc es el presidente del centro y del Fondo Buoniconti, que recauda dinero para el proyecto.

LESIONES DE LA MÉDULA ESPINAL

Nuestros nervios y nuestro cerebro intercambian señales a través de la médula espinal, la cual es un largo conjunto de nervios protegidos por huesos llamados vértebras. Cuando vemos una gran jugada en béisbol, nuestro cerebro envía una señal a nuestras manos a través de la médula espinal para que aplaudan. La médula espinal de Marc sufrió un daño tan grande que su cerebro ya no puede comunicarse con su cuerpo.

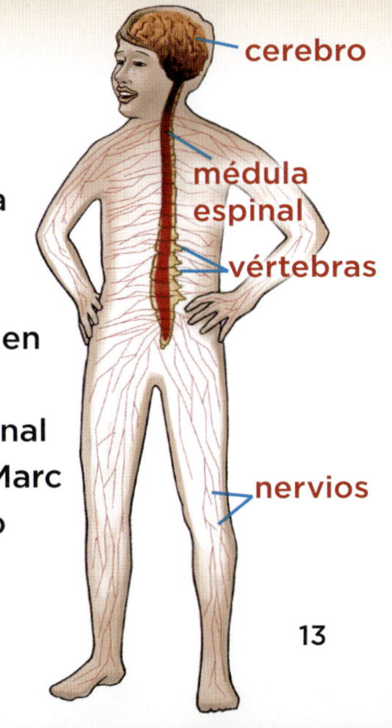

Más de 200 investigadores trabajan en *The Miami Project*. Unos intentan prevenir lesiones en la médula espinal mientras otros buscan repararla. Hay un equipo que ayuda a los pacientes a recuperarse.

Este equipo tiene una teoría sobre el enfriamiento del cuerpo justo después de sufrir una lesión en la médula. Creen que eso ayuda a evitar un daño mayor. Para probar su teoría, le pidieron a un grupo de doctores que bajaran la temperatura del cuerpo de sus pacientes durante 48 horas. Luego, los pacientes recibían de nuevo calor, mediante el aumento de un grado cada ocho horas.

El equipo encontró que, después de un año, los pacientes tenían más movimiento que los pacientes usuales con este tipo de lesiones. Ahora planean hacer una **prueba** más grande con más pacientes.

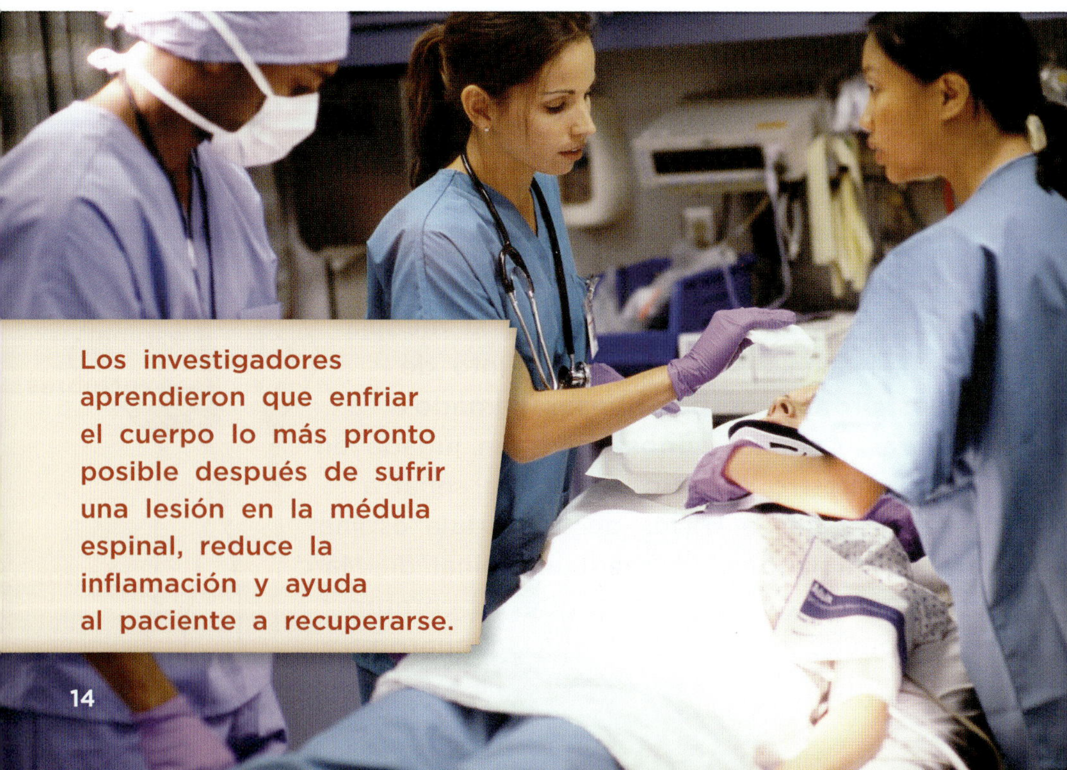

Los investigadores aprendieron que enfriar el cuerpo lo más pronto posible después de sufrir una lesión en la médula espinal, reduce la inflamación y ayuda al paciente a recuperarse.

Los científicos de *The Miami Project* también tienen teorías sobre cómo reparar la médula. Una teoría sostiene que inyectar células especiales en el área lesionada ayuda a repararla. Estas células se llaman células de Schwann. Cumplen la importante función de producir mielina, una sustancia que cubre nuestros nervios, como el **material aislante** que cubre los cables eléctricos. La mielina ayuda a que el sistema nervioso se comunique.

Los investigadores ensayaron su teoría en ratas paralizadas. Estas recuperaron un 70 por ciento de su capacidad para caminar. Los resultados fueron tan exitosos que planean una pequeña prueba con pacientes humanos.

NERVIOS CUBIERTOS POR MIELINA

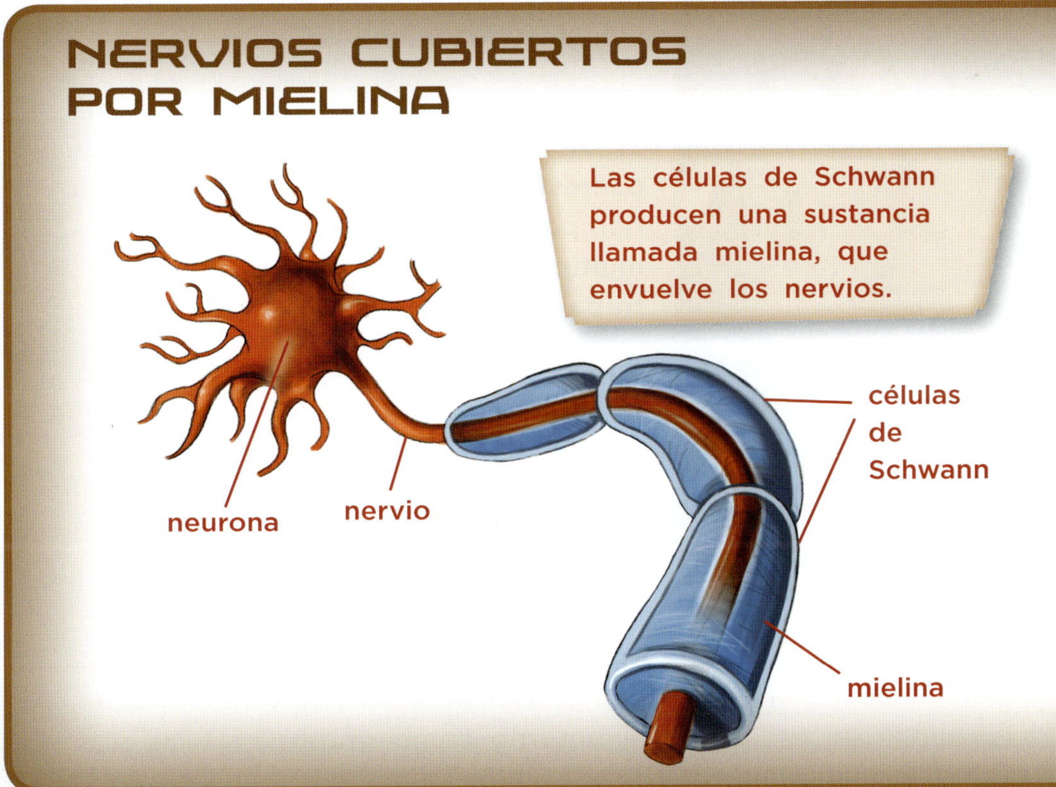

Hay investigadores de *The Miami Project* que quieren saber cómo las máquinas para caminar ayudarían a los pacientes en su recuperación. Otros buscan técnicas para aliviar el dolor de los pacientes.

Los científicos del centro descubrieron que la combinación de tratamientos puede acelerar la recuperación. Equipos de investigación en áreas separadas trabajan para alcanzar la misma meta. Se dedican a ayudar a caminar de nuevo a quienes tienen lesiones de médula.

EQUIPOS DE ROBOTS

El Dr. James McLurkin busca que los robots cooperen y tomen ejemplo de su entorno.

¿Qué tal si enviáramos un equipo de 200 robots a Marte, en lugar de enviar solamente dos?

¿Cuánto más podríamos aprender? El Dr. James McLurkin intenta contestar estas preguntas. Invierte su tiempo trabajando en enjambres de multirrobots: grupos de robots que trabajan juntos como equipo.

Los robots emplean transmisores infrarrojos para compartir la información. Eso le permite al grupo trabajar unido y reaccionar a los cambios en su entorno. El Dr. McLurkin afirma que su investigación se inspira en el trabajo en equipo de las abejas, que comparten información y responden al entorno como grupo.

Conclusión

Cuando científicos y expertos trabajan juntos, pueden progresar más rápido y obtener mejores resultados.

El ruido que molestaba a los científicos de los laboratorios Bell se convirtió en una pieza del rompecabezas del *big bang*. William Shockley perfeccionó el primer transistor apoyándose en el trabajo de colegas. Cientos de personas trabajaron para enviar los robots exploradores a Marte.

Al compartir ideas y resultados, los científicos pueden alcanzar grandes logros. Algún día traerán rocas de Marte. O lograrán ayudar a caminar de nuevo a personas que se cree que están paralizadas de por vida.

¡Los niños también pueden experimentar el poder de trabajar en equipo!

Resumir

Usa detalles importantes de *El poder de un equipo* para resumir la selección. Usa el organizador gráfico como ayuda.

Idea principal
Detalle
Detalle
Detalle

Evidencia en el texto

1. ¿Cómo sabes que *El poder de un equipo* es un texto expositivo? **GÉNERO**

2. ¿Cuál es la idea principal del segundo párrafo de la página 4? Da detalles clave para sustentar tu respuesta. **IDEA PRINCIPAL Y DETALLES CLAVE**

3. Observa la palabra *terreno* en la página 6. Esa palabra proviene de la raíz latina *terr*, que significa "tierra". Piensa en el significado de esta parte de la palabra y en las claves de contexto para saber qué significa *terreno*. **RAÍCES LATINAS**

4. Escribe la idea principal de cada párrafo de la página 14. Da ejemplos de los detalles clave que te ayudaron a determinar cada idea principal. **ESCRIBIR SOBRE LA LECTURA**

Género Artículo informativo

Compara los textos

Lee sobre cómo un equipo logró desarrollar un volante especial.

Manos al volante

Los Inventores son seis estudiantes de ciencias de Nueva Hampshire que se unieron en busca de resultados. Su reto era prevenir que los conductores se distrajeran mientras manejaban. El trabajo fue parte de un programa de resolución de problemas usando robots de investigación.

Su trabajo tuvo varias etapas. Primero investigaron los problemas de seguridad en el transporte. Descubrieron que Nueva Hampshire acababa de prohibir a los conductores enviar mensajes mientras estuvieran al volante. Después se dieron cuenta de que no existía un dispositivo para evitar las distracciones de los conductores.

Enviar mensajes de texto mientras se conduce es peligroso. Los estudiantes se enfocaron en prevenir este tipo de peligros.

Luego observaron lo que sucede: los conductores sostienen el volante de cierta manera mientras escriben mensajes. Ahora el equipo debía conversar sobre cómo resolver el problema.

Su solución fue un dispositivo que suena cuando los conductores sostienen mal el volante.

Construyeron varios modelos y luego trabajaron con el Instituto de Tecnología de Massachusetts (MIT) en un estudio piloto empleando una máquina artificial de conducción. Mejoraron su modelo y lo promovieron en la industria.

El equipo trabajó miles de horas en el proyecto y construyó ocho modelos. Solucionaron varios problemas, por ejemplo, el sonido en el primer modelo ¡distraía a los conductores! Después hicieron el dispositivo inalámbrico para evitar que los dedos se enredaran con los cables.

CÓMO FUNCIONA

Se trata de una cubierta para el volante, adaptable a cualquier vehículo. La cubierta tiene sensores en los bordes que informan si las manos del conductor están en el volante. La información es enviada a un microcontrolador, una computadora muy pequeña. Si la posición es peligrosa o si las manos pasan mucho tiempo lejos del volante, el dispositivo suena y emite luces para volver a centrar la atención del conductor.

Los seis estudiantes superinteligentes superaron el reto. Obtuvieron una **patente** con idea de proteger su invento, llamado SMARTwheel™.

El equipo no quiere obstáculos para la fabricación y la venta de su invento, pues cree que reducirá el número de accidentes.

El presidente Obama felicita a los inventores.

Haz conexiones

¿Con quién trabajaron los Inventores para diseñar su volante? **PREGUNTA ESENCIAL**

Los científicos de *El poder de un equipo* y los inventores trabajaron en grupos en sus proyectos. ¿Qué tenían en común estos equipos, que contribuyó al éxito de sus proyectos? **EL TEXTO Y OTROS TEXTOS**

Glosario

Agencia Espacial Europea una organización formada por un grupo de países europeos para explorar el espacio ***(página 8)***

big bang*, teoría del** teoría que explica la formación del universo desde una gran explosión ***(página 10)

bolsa de aire bolsa gigantesca que se infla para amortiguar el aterrizaje del módulo en Marte ***(página 5)***

cráter depresión con forma de plato causada por la erupción de un volcán o por un objeto que ha chocado contra el suelo, como un meteorito ***(página 7)***

material aislante capa que evita el escape del calor, el movimiento o el sonido ***(página 15)***

módulo de aterrizaje nave espacial protectora que transporta al robot explorador ***(página 5)***

NASA Administración Nacional de la Aeronáutica y del Espacio; es la agencia estadounidense de exploración espacial ***(página 4)***

patente forma de proteger legalmente un invento para que nadie pueda copiarlo ***(página 21)***

premio Nobel premio internacional que se concede a los avances más importantes en el conocimiento ***(página 10)***

prueba experimento para ensayar si una teoría es correcta ***(página 14)***

radiación ondas de energía emitidas por fuentes de calor o de luz, incluido el Sol ***(página 10)***

Índice

Enfoque:

Ciencias

Propósito Mostrar cómo un equipo puede crear un plan para un producto a través de la investigación y la tecnología

Procedimiento

Paso 1 Con un compañero o una compañera o con un grupo pequeño, decide qué problema te gustaría resolver a través de la tecnología.

Paso 2 ¿Qué clase de invento podrías producir para resolver ese problema?

Paso 3 Piensa en los tipos de personas o los conocimientos que necesitarás en tu equipo para tener éxito.

Paso 4 Haz una propuesta para un producto. Dibújalo. Incluye una descripción sobre el funcionamiento del producto, por qué es necesario y a quiénes necesitarás en tu equipo.

Conclusión Para hacer algo bien, casi siempre es mejor trabajar en grupo, porque así cuentas con el conocimiento y las habilidades de cada miembro del equipo. ¿Cuáles son otros beneficios de trabajar en equipo?